이 책을 세상에서 가장 소중한 인연

_____님께 드립니다.

인연이라는 자리에서

시집을 손에 들어 주신 당신과 나

어쩌면 먼 시간의 강을 건너

조용히 마주 앉은 인연인지 모르겠습니다.

말이 닿기 전에 마음이 먼저 닿는 순간이 있다면

이 또한 그 하나일 것입니다.

짧은 시 한 줄에도 당신의 하루가 쉬어갈

작은 그늘이 되었으면 합니다.

바람에게 속삭이는 말

발행일 2025. 10. 15.
지은이 박쾌순

펴낸곳 인쇄출판정문사
출판등록 제1998-000001호
주소 충북 충주시 교동1길 15-22(교현동)
전화 (043) 847-9201
팩스 (043) 847-9221
이메일 jmpr9201@hanmail.net

ⓒ 2025. 박쾌순

ISBN 979-11-93053-48-5

※ 이 책의 저작권은 저자에게 있습니다. 서면에 의한 저자의 허락없이
　내용의 일부를 인용하거나 발췌하는 것을 금합니다.
※ 이 책은 충주시, 충주문화관광재단의 후원으로 발간되었습니다.

바람에게 속삭이는 말

시인의 말

애인처럼
詩가 좋았지만
배움의 기회가 없어
가슴에만 낳았던
칠십 평생 삶의 편린들
이제야 새 옷으로 갈아입고
외출을 한다.
오늘 나는
바람과 주막에 마주 앉아
아버지가 사랑했던
푸시킨의 시를 노래하며
詩의 잔을 비운다
취기 오른 달그림자
길 위에 구겨진 시상
다시,
편다.

2025년 8월
박 쾌 순

차례

시인의 말　　　　　　　　　　　　5

제1부
그 시절 나에게 보내는 시

기억의 창가에는 아직도	12
불청객	14
외로움은 그리움을 더하고	16
야래향(夜來香)	18
무엇인가 하는 그 무엇 때문에	20
오래된 안부	22
노인의 그늘	24
바람의 분별	26
버려진 씨앗에도 봄은 온다	28
언어의 충돌	30
내 안의 바다에는 아직도	32
동행	34

알람 소리	35
상처가 아물어 갈 때쯤	36
내 머물 곳 어디에	37
절망	38
계란의 길	39
배반의 도시	40
거리의 늑대는 시대를 탓하지 않는다	42
세수를 하고 나서	44
남편	46
두 번째 외출	48

제2부
지나온 길 아직도 향기롭다

정방사	50
불멸의 씨앗	52
오월의 환상통	54
저항할 수 없는 하루	55
얼음장 밑에도 바람이 분다	56
태양의 밀당	57
12월은	58
마네킹	59

주눅 든 빛은 어디로 갔나	60
태양의 각도	61
날아간 꿈	62
가을 연서	64
독거노인	66
가을 손님	68
샐러리맨	70
길냥이	72
시루섬의 기적	74
잃어버린 미소	75
담배꽁초	76
스쳐 간 인연	78

제3부
달빛은 가끔씩 울고 간다

강물에 흘린 사랑	80
가을에 묻힌 사랑	82
무언의 약속	83
응어리	84
빛바랜 하루의 조각들	86
물망초	87

그리움 하나 놓고 가자	88
그리움은 노을을 타고	90
너 안의 나	92
인연은 슬픔으로 물들고	94
바람의 딸	96
소박맞은 하루	99
당신 생각	100
풀잎 언약	101
염원	102
썸을 타고	104
매듭	106
님의 꽃밭은 아직도	108
낙화	110
바람은 사초에 묻고	112

제4부
이제야 피어나는 말들

아버지의 홑적삼	114
고등어	116
억수 계곡	118
바다의 품격	119

김장김치	120
고향의 소리	121
노장은 하늘을 보지 않는다	122
노점상	124
섶다리와 소녀	126
실향민	128
어머니의 낡은 우산	130
빈집과의 약속	132
엄마의 부엌	134
재산목록 1호	135
눈물은 꽃바람에 물들고	136
능소화와 누이동생	138
보릿고개를 아시나요	140
아버지의 주막	142
서환아	144

해설 - 정진헌
바람의 언어로 詩의 촉수를 더듬다   146

제1부
그 시절 나에게 보내는 시

기억의 창가에는 아직도

밤새 머뭇거리던 발걸음
알 수 없는 빈 주막 홀로 앉아
굴곡진 삶
서러운 미소의 잔을 마신다

흐트러진 머리 곱게 다듬고
어둠에 빛 손질하는 장안의 숲에서
똬리를 틀 때까지
불타오르던 화선지에 흘린 사랑 멈출 수 없었다

손끝은 맹렬히
황홀한 무대에 놀아나고
그을린 시간마다 밤새 쌓여
미움으로 돌아누운 새벽녘

두고 온 먼 기억을 지우기에는
짧게만 느껴지는
또 다른 길을 찾아 떠나야 하는
몽롱한 미명의 거리

거역할 수 없는 숨소리 거칠게 토하고
서둘러 발걸음 재촉한다

불청객

고을 원님쯤 되는
가물치가 내 안에 살고 있다

숨소리조차 크게 낼 수 없이
살아가는 송사리와 물 곤충
그리고 수생 식물들
때로는 고래까지 왔다가 잠이 든
아담한 연못이 자리 잡고 있다

바깥에는 가끔씩 웃자란
고양이의 외삼촌뻘 되는 살쾡이
울음소리도 살기도 했다

채워도 채워도 차지 않는
연못 안에 아우성치던 소리들
가벼운 불안 무거운 불안
버리지 못해서 채우지 못해서
너무 벅찬 많은 날을 조아리며 힘겨워했다

봄이면 울어대던 그 많던 소리
다 어디로 갔는지
지키지 못한 변방의 잔해만이
하나둘 하얀 연못을 덮어만 간다

어느 날 문득
돌아본 내 안의 어린 연꽃이 못내 애처로워
늦은 계절 책상 앞에 촛불을 밝힌다

가장 소중한 시간
철없이 날뛰던 어린 수고양이
휙 지나가는 귀여운 바람에 미소를 담는다

외로움은 그리움을 더하고

밀려난 숫자에
외로움을 더한 숫자
작은 숫자에 모자람을 더한 숫자

마디마디 침묵을 지키는 비망록에서
슬그머니 고개를 떨군 채
나를 위해 너를 위해 서럽도록 제외된 숫자

불안한 동거는 끝이 났다
밀리고 밀린 변방의 수난은 시작되었고
다가가지 못한 불편한 숫자는
그늘진 곳에서 또 다른 태양을 바라보아야 한다

질서가 없는
홀로 부딪친 차디찬 그늘
또 다른 두세 평 자란 절름발이 숫자
하나가 슬그머니 고개를 들 때마다
사초의 꿈이 살아난다

하나에 또 하나를 더할 수도
뺄 수도 없는 계산된 숫자
그대에게 다가가고 싶은 자투리 숫자

두리번거린다
밀리고 밀린 파도에 안기고 싶은
그리운 숫자 하나
온종일 모래밭에서 너의 발자국 찾아 나서는 일

거품처럼 떠돌던
내 안에 서럽도록 찾고 있는 내 안의 숫자

야래향(夜來香)

하얀 밤이다
수없이 밟았을 빛이 모여든다

새벽을 버리고
시간의 끝을 버리고
어둠의 껍데기로 만났던 우리

밤의 털끝으로만 와도
자지러지는 거리의 자식들
무엇이 그 많은 어둠과 노래를 불러야 했던가!

우리는 왜
낮과 밤으로 만나지 못했는지

어느 날 문득
몽당연필처럼 깎여나간
내 안의 각진 흔적들
밤의 나라가 태양의 문을 두드린다

외로운 별들은
어둠 속으로 향하고
빛바랜 갈색 외투를 걸친 밤은
서둘러 문을 닫는다

밤을 잃어버린 밤
그러나 밤은 또 다른 밤을 불러오고
태양은 슬그머니 새벽을 낳고 있다

무엇인가 하는 그 무엇 때문에

때로는 뇌리에 스친
무엇인가 하는 그 무엇 때문에
밤새 너의 기억을
외면해야 했던 시간
떨리는 가슴으로 침묵하는 답은
언제나 내 안에 잠들고
부질없이 기댄 울타리 밑에서
움츠린 채 깨어나지 못한
그날의 시선들

무엇인가 하는 그 무엇 때문에
서럽다고 생각하지는 마
우리가 걱정했던 것들은
바람의 등을 타고 모두 떠났고
흔들리는 꽃잎 한 가닥 이슬로 남아
그때는
서로의 눈망울 속에서
가장 소중한 것을 빛나게 하는 영롱한
무엇인가 하는 그 무엇 때문에
나를 덮어야 하는

지친 웃음이라도
우리의 차가운 가슴을 녹여야 하는
쓸어내려야 하는

그래서
무심코 밟고 지나쳤을 풀 한 포기와 돌멩이
길가에 버려진 수없이 꿈꾸던 이야기까지
외롭다 내 곁에 손짓해올 때
그때는
그때는 텅 빈 내 안에 곱게 머물러줘

오래된 안부

새벽 강가에 나와
무심하게 들어야 했던 바람의 말
언젠가는 소중하게 다가올 날이 있었을 것입니다

철부지처럼
그림자를 휘젓고 다니던 나를 향해
정곡을 찌르던 말
돌아서서 흐느끼던 영혼의 맑은 숨소리
때로는 순간을 놓친 표범의 눈물처럼
진흙탕에 빠진 수레바퀴의 한숨처럼

그러나
그 어떤 공포도 어떤 날의 그 슬픔도
자작나무 서곡도 외면하고 돌아오던 날
한 줌 돌보지 않아도 될
거추장스러운 것조차 사치라고 말할
후회스러운 날이 있었을 겁니다

이제는
삶의 낡은 뼈대를 위해서

까칠한 영혼을 위해서
싸늘하게 식은 바람의 흔적을 덮으려 할 것입니다

그래서
아주 오랫동안 나는
나를 꼭 안고
저녁 이슬 마를 때까지 노을을 지켜볼 것입니다

노인의 그늘

잎새에 부는 바람
파르르 떠는 눈시울 시려온다
멀찍이 앉아
휴대폰을 만지작거린다

할아버지는 그것도 못 해!

오랜 상처처럼 아픈 말이다
감나무 밑을 서성이는 노인의 발걸음
물들어 가는 감잎 소리를 얼마나 들을 수 있을까

낡은 사진첩을 보며
눈시울 붉어지다
빙그레 웃는 일이 얼마나 있을까

탄금대공원 벤치에 앉아
엄마 손 이끌려 재롱떠는 어린아이
물끄러미 바라보는 어제 같은 오늘
회심의 미소를 짓는다

아직 남아 있는 것들과의 소통마저
단절된 부재
관심 밖으로 밀려난 자투리땅에
한 폭의 꽃나무를 심어야 하는 늦은 오후

해 질 녘 남한강변
어디론가 흘러가고 있을 물비늘 같은
모습으로 모래알 같은 저녁상 맞이한다

바람의 분별

가시밭으로
자갈밭으로
누구는 양지바른 옥답으로
누구는 강물로 정처 없이 떠도는
한 잎의 구름이 되었다

깡촌이었다
바람이 놀다 간 갈대밭 그늘
나비처럼 앉은 나는
선택받지 못한
불길한 침묵의 밤을 견뎌야만 했다

그래
이제는 떠나야 한다
숙명의 무덤을 가로질러
유랑의 어깨에 기대어 오는 시원한 바람과
하얗게 멍든 서러운 이야기를 들으며
자갈밭에 피어난 한 떨기 꽃을 보며 가야 한다

우리가 걱정했던
빛바랜 청춘의 모퉁이에서
개여울 따라 익어가는 옥수수밭
푸른 등을 밟으며
너에게로 가는 길을 얼마나 동경해 왔던가!

소리 없이 부르짖던 기억의 골방
굴절된 흔적 빗질하며
미지의 세상으로 치닫던 나
그 길목에 서성이던 파랑새는 날아가고
자꾸만 가라앉는 몸
바람은 더 이상 다가오지 않았다

버려진 씨앗에도 봄은 온다

그리움의 파장을 일으킨
사랑의 곡조는 멈춘 지 오래다

더 이상
울리지 않는 악기는
소복을 갈아입고 거리를 헤맨다

이유를 모르는 채
거칠게 몰아치는 숨소리
삐걱거리는 영혼 부목을 하고

찬바람 때리는 호수 위로
몸을 실은 돛단배
붉은 노을에 파문을 일으키며 비틀거린다

어느새
암흑의 수렁으로 빨려 들어가는 심장은
쉴 새 없이 펌프질하고

목마른 영혼은
외로운 사투를 벌이며 힘겹게 성벽을 오른다

드디어
대지는 빛에서 깨어나고
구름과 바람
광야의 대지를 흔들면
불멸의 혼은 기상의 나팔을 분다

아!
어머님의 품이여!
사랑의 곡조는 울리나니
나의 별은 노래하나니

언어의 충돌

까칠한 겨울이다

여린 가지 사이로
촉수를 더듬는 아침햇살
간밤에 쓰다만 시어 노트에 낯선
눈이 내렸다

새벽을 밟고 간
푸른 생의 눈 발자국
누구의 첫발로 다녀간 것일까?
보수되지 않은 낡은 하루가
더듬더듬 지나가는 길목에서
밟히고 간 고뇌의 잔해들

외로운 시어들이 바깥을 향해
탈출하려 할 때
가슴앓이 낱말들이 구겨진
문장 위로 쌓이고 있었다

차디찬 광장에서
날아오르다 떨어진 설익은 자유
자꾸만 저만치 나를 응시한다

눈발이 그친다
금지된 문장들이 인기척을 한다
나는 조용히 시어 노트를 꺼내 든다

내 안의 바다에는 아직도

심해를 걸어본다

잊히지 않는 지상의 어린 유리상자
무덤을 끌어안고
한없이 추락하던 내 안의 바다

차마 말하지 못한
아침 햇살에 깨어진 유리창과
그리다 만 한 폭의 풍경화
서러운 이야기와 안경 너머로 쓰지 못한
시어의 마지막 문장까지

유빙처럼 떠돌던
어마어마한 것들을 삼켜버린
그곳에는 무슨 일이 일어나고 있었나
그 깊이를 아는 사람은 아무도 없다

눈을 감는다
성숙하지 못한 잔류물들이
소용돌이치던

내 안의 바다
조심스레 밖으로 나온다

직립 보행하던
파도의 잔뼈들이 겹겹이 쌓인 해안가
검은 침묵의 활자들은 바람에 나풀거리고
나는 갈매기의 후예가 된다

동행

그날 오후였어
토막 난 그늘에 앉아
고개를 떨군 채
흐느끼는 빈 술병의 울음소리를 들었어
손을 내밀어 왔었지
차마 나는 손을 잡을 수가 없었어
내 손이 더 아파왔거든
미안하다고 말을 하고 싶었어
하지만 외면하고 말았어
슬픔은 언제나 내 편에서 괴롭혀 왔었지
늘 그랬으니까
저 빈 술병 속에는 얼마나 많은 한숨을 달래주던
눈물겨운 이야기들이 남아 있을까 두려웠어
괜스레 내가 미워졌어
으스러진 미지의 세계로 치닫던 나
하지만 먼발치 하얀 그림자로 남아야 하는
침묵으로 답하는 하루를 붙들고
빈 술병에 갇혀야 했어
오롯이 너와 함께

알람 소리

어제의 고달픈 하루가
이명처럼 따라붙는 새벽녘
알람은 아직 늦잠을 자고 있다
지친 시간을 어깨에 걸머메고
비가 오는 골목을 서둘러 빠져나간다
가물가물 부풀어 오르던 풀잎 가슴
만원 버스에 시달리며
다람쥐 쳇바퀴 돌리듯
살아왔던 숱한 나날들 두려워진다
돌아보지 말자
때로는 찰나의 순간을 놓쳐버린
사마귀의 슬픈 눈망울처럼
찢어진 국화빵 봉투 서러운 모서리처럼
혼자 외롭게 떨고 있을
내 방안의 알람 소리
조용히 하루의 걱정을 붙들고 있었다

상처가 아물어 갈 때쯤

함몰된 촉수로 더듬던
몇 날의 밤이 또 지나갔다
어둠의 깊이를 몰아쉬며
구겨진 날개 속으로 파고드는,
나약한 포옹을 하고
순환을 멈춘 계절이 뼛속으로 파고들어
내 안에 고이
잠들어 가는 그 계절에
늑골 사이로
차갑게 흐르는 늑골 사이로
끝나지 않은 하루의 꼬리를 붙들고 있는
베갯잇 붉은 눈물의 사체
어쩌면
우리가 넌지시 기댄 모난 돌에
돌팔매를 던져야 했던
그날의 그 상처 때문인지
가을 끝자락에 매달린 조각난 잠자리 날갯짓
그 사이로 떠도는 한 잎의 나
기억은 몸살을 앓고 난 뒤
조용히 하얀 밤을 밀어내고 있었다

내 머물 곳 어디에

머물지 못한 바람은 갔다

송두리째 허물어진 콘크리트 벽
홀로 기대어
두 뺨에 흐르는 달빛 눈물
푸른 생의 계단
얼마나 많이 동경하고 밟고 지나왔을까

침묵을 지키고 있는 동안
쓰러진 시간의 무덤들이 쌓여만 가고
돌아서야 했던 바람의 말들은 말라가고 있었다
어둠은 태양의 눈을 덮고
낡은 밤은 서둘러 출구를 찾지만
초로의 어깨에 옷깃을 여민 안식처에도
가시지 않는 역겨운 냄새가 숨통을 조여왔다

그래도 가야 한다
걱정했던 것들을 모두 버리고
촉촉하고 기름진 옥답을 찾아 떠나야 한다

절망

몸과 마음이 하얗게 부서지고 있는데
백마야
저 아름다운 무지개의 허리를
어떻게 잡으란 말이냐!
어쩌란 말이냐!

머리는 하얗게 타들어 가고 있는데
까마귀야
별빛 사이로 떨어지는 유성의 성채를
어떻게 잡으란 말이냐!
어쩌란 말이냐!

길 잃은 돛단배 바람은 힘차게 울어대고 있는데
갈매기야
흔들리는 파도의 불꽃을
어떻게 잡으란 말이냐!
어쩌란 말이냐!

오, 나의 영혼이여!
미칠 듯 헤매고 싶은 고뇌의 절망이여!

계란의 길

깨졌다

어느 것은
엄마 품속 귀여운 병아리가 되었고

어느 것은
무학시장 노동자의 술안주가 되었다

나는?

배반의 도시

매캐한 그늘
조롱당한 코팅된 눈과
마스크를 한 사람들
저마다 접시가 깨지고
수레바퀴 하수구에 빠진다

일수계 사기당한 어느 노점상
굶주린 하이에나처럼
일그러진 표정을 하고 있어도
사람들은 아무 말이 없다
낙타는 뿔났다
언어의 불모지에서
저녁 늦도록
빌딩 숲 풀벌레 울부짖던 날갯짓이
뒷골목 늑대 울음소리보다
더 혐오스러운
내 울음처럼 들려왔다
관 뚜껑을 덮는다

낙타는 떠나갔다
나는 나를
여린 술잔에 토해 놓고
어느 언론사의 일간지 한 면에 꽉 찬
역겨운 살냄새보다
하수구에서 들려오는 담배꽁초
한숨보다 더 서러운 기억이 다가왔다

내 영혼을 거부한
천년을 살아도 낯선 도시
너를 닮아가는 내가 싫어
기억은 힘겨운 몸살을 앓고 난 뒤
향기 젖은 햇살을 몰고
빌딩 숲 허름한 모퉁이
맨 처음 나를 반기던 벤치에 앉는다
벤치는 말없이 나를 끌어 안는다

오늘 사는 연습을 한다
내일 죽는 연습을 한다

거리의 늑대는 시대를 탓하지 않는다

밤이 죽어간다
새벽은 오지 않았다

계절을 잃은 바닥에서
허기진 늑대의 울음소리보다
더 혐오스러운 혈분을 토하며
거리를 오염시키는 거리의 자식

정신을 잃는다

살아야 할 이유를 잃은
허무의 무덤에서 깨어나라
흔드는 것은 바람의 속삭임도 아니요
새벽녘 어머니의 간절한 음성도 아니다
깊숙이 자리 잡은 씨앗이 움트고 있기 때문이다

거리의 늑대는 안다
가난한 자의 얄팍한 미소와
시대를 상실한 돛을 달지 못한 빈약한 자를

식어가는 심장에 악수를 청하고
철없는 영혼에 돌을 던지는 어둠의 자식
우리는 새벽을 가르는 늑대의 울음소리를 들어야 한다

그리하여
영원히 쉴 수 있는 공간에서
작은 세상을 바라볼 수 있다면
사랑하는 사람과 동산에 올라
노래를 부르다 쓰러질 수 있다면
천년 묵은 사랑 다 태우는 일이다

세수를 하고 나서

넌지시 기댄 이 가을
내년에도 온다고 착각하지 마라

계절은 돌고 돌아오지만
우리가 느끼는 이 가을은
그때 이 가을이 아니니

어쩌면 내년에는
청명 하늘 기러기 떠나는 것을 보고
슬퍼하고 있을지도 몰라
짓무른 홍시 눈시울 젖어올지도 몰라

이 가을
때늦은 패랭이꽃
낙엽 속에 묻힌 흔적 찾지도 말자

힘겨워 떨고 있는
메뚜기 날갯짓
떠났다고 아파하지 말자

있는 그대로
그냥 그렇게
아무도 모르게 흘러가는 것이니

때가 되면
야윈 햇살에 기대어
문득문득
가을이 무너지는 소리를 들을 것이니

그때는
아주 오랫동안
우리의 기억 속에 갇혀
그리워할 날이 올 것이니

남편

세월의 무덤 속
출구를 잃어버린 낡은 구두 한 켤레

설레는 마음으로
처음 구두끈을 졸라맬 때가 생각이 난다

고이 간직하고 싶었던
그 듬직한 고운 손길은 다 어디로 갔을까

아끼다 놓쳐버린 퇴색한 몰골
침묵의 답은 언제나 내 안에 잠들고

멀리하기에는 너무 아쉽고
다가서기에는 너무 미워져 버린
버틸 수 있는 힘마저 낡은 구두 한 켤레

닳고 닳은 뒷굽 슬픔 운명처럼
삭아 들어가는 햇살 아래
젖은 영혼을 말리는 그늘 진 언약
어둠의 창문이 쓴웃음을 짓는다

말없이 떨고 있을 구두 한 켤레
거울 앞에 다가선다

감춰진 눈물
구두 위에 뚝뚝 떨어지는지 모르는 채

두 번째 외출

녹슨 시간 접어두고
발목 잡힌 아랫목을 나선다

고주박처럼 삭아 들어가는
잘 말린 한 움큼의 하루를 들고서
그날의 눈망울이 생각나는
시장통 선술집을 기웃거린다

동전 같은
파리한 얼굴을 하고 있는
절박한 숫자들과
냉소한 말투와 상투적인 언성을 높이던
달빛 젖은 검은 이마의 그림자들

이제는 다들 떠나간
쓸쓸한 목로주점에 홀로 앉아
다시는 돌아오지 않을 바람과
대폿잔을 맞이한다

제2부

지나온 길 아직도 향기롭다

정방사

마른 잎 잠들지 않는 귓가에
간간이 들려오는 풍경소리
봄바람 타고 산사의 적막을 깨우면
정방사 뜨락에도
현란한 빛이 태동을 부추긴다

곱게 물든 스님 어깨보다
더 낮게 깔린 구름 사이로
한 쌍의 어치 산허리를 감싸고돌면
그 풍경 너머로 날아간
스님 눈가에 유년의 날들이
움츠렸던 묵은 계절을 정화하듯
낙숫물 소리 젖어 온다

오늘따라 하얀 고무신
더욱 돋보이는 승복을 입고
솔 냄새 가득한 길을
걸어가는 스님의 뒷모습
인간은 얼마나 외로워야
바람이 전하는 구름의 언어와

밤새워 흔들어대는 나뭇잎의 속삭임과
새벽이슬 깨어나는 맑은
숨소리를 들을 수 있을까

때로는 법당 뒤뜰에 큰스님 같은
근엄한 바위가 되고 샘물이 되고
새가 되고 나무가 되고
꽃과 이슬이 되어 보고
밤이면 별들이 뜨락에 내려와
사랑의 전설을 들어주는
한 마리의 사슴이 되어도
늘 외로운 존재

스님은 뒤뜰에 나와
바위에서 흘러나오는 청아한
목탁 소리와 독경 소리
한 줌 되지 않는 자신을
조심스럽게 흘려보내고 있었다

* 제1회 충청북도시인축제 시 공모전 대상 수상작

불멸의 씨앗

외로운 들꽃
거칠게 토해낸 숨소리
얼마나 많은 날을
모진 비바람에 시달리며 피어나야 했던가

내 어찌 잊으리
빗나간 화살 원한의 칼날 소리를
그대가 품은 열두대
갈기갈기 찢어 놓은 회한의 소리를

멈추지 못한
영원한 부활을 꿈꾸던
골절된 역사 탄금대 상흔이여!
가야금 열두 마디 잔상을 타고
환부를 드러낸 비운의 장군 신립의 넋이여!

불멸의 기억 속에 멈춘
서슬 퍼런 거미줄에 걸려 있는 배수진

떨리는 침묵으로 답하는 당신
입술을 깨물며
때늦은 눈물의 깊이를
절벽에 멈춘 그날의 진실을
이제야 알았습니다

오월의 환상통

밤새 비가 내렸다

잘 익은 미소를 품고
청보리 여물어가는 들판을 나선다
순환을 멈춘 계절
초록의 파도를 가르고
미친 여인의 치맛자락은
잔인한 웃음을 기억하지 않았다

시간의 옷을 벗어 던진다

좌절 속에서
태어나는 오월의 환상통
침묵의 외침은 시작되었다
찔레꽃 향기 풍겨오는
조각달 그늘에 앉아
빈약한 얼굴을 한 대지의 여인

앞서간 별들의 시선이
풀죽처럼 풀어지는 밤이다

저항할 수 없는 하루

아주 잠깐
튀밥처럼 튕겨 나간 시간들이
파도처럼 실려온다

손 흔들며 다가오던
기억의 계절은 어디로 갔을까
입맛에 맛들인 삽살개는
불안정한 정적을 남긴다

장엄한 바다의 등을 타고
홀로 견디는 파도는 없을 거라고
질투한 바람은 아직 없었다

저항할 수 없는 하루가 또 간다

처마 끝에 걸어둔 아침햇살
낮게 깔린 언어의 파도를 붙들고
헤매는 나

얼음장 밑에도 바람이 분다

1월의 강가에 나와
두꺼운 흰옷을 걸치고
바람의 노래를 듣는다

때로는
한겨울 버들강아지 새싹처럼
한껏 부풀어 오른 텃새 솜털처럼
햇살이 몰고 올 환희의 물결처럼
바닥으로부터 꿈틀대는 몽돌의 온기처럼

박새들이 날아다니는
설원의 강가에 나와
무심코 지나쳤던 바람의 말
이제는 아쉬워하지 말자

소복이 쌓인 눈을 털며
이제는 떠나야 한다고
1월의 손을 꼭 붙들고 있는 샛별 하나
강물은 조심스레 흘려보내고 있었다

태양의 밀당

때가 되면 떠나야 하는 잎새들
보내야 하는 어미 마음 청명 하늘 내주고

가을빛
연분홍 꽃신 신고 돌아온 홍시
수다 떨다 간 잎새들의 이야기 알고 있으리

다독거리는 가을마당
기쁘기만 하련만
허전한 마음 가는 계절 못내 아쉬워
사랑채 할매
구절초 도라지 몸에 좋다며
앞마당 쑥 향기 풍기네

허전한 공간 속으로
낡은 비늘을 털어내고 있는
가을 문밖 편지 한 통

"겨울이 오고 있어유"

모두 숨을 죽이고 있어야 했다

12월은

어릴 적 참새 떼 몰며
개울가 썰매 타던
그런 겨울이 아니었네

노년의 12월은
옷깃에 스며드는 아린 바람
애써 감추려 홀로 소주 한잔하고

보내고 싶지 않은 마지막 숫자
그 서러운 숫자에 기대어
어릴 적 놀던 하얀 골목길을 생각한다네

얼마나 많은
이 시린 겨울을 움츠려야 하나

12월은
그래서 보내고 싶지 않은
따뜻한 님의 손길인 거지

마네킹

변화무쌍한 시대를 외면한
코팅된 언어와 슬픈 눈망울을 가진
마술에 길든 자

박제된 삶에 퇴색한
작은 미소마저 외면한 고독과 흘러간 꿈

그래서 떠날 수 없는 진실을

우리는
발끝에 조여 오는 소리와
하얗게 부서지는 고뇌의 소리를
그의 시선에서 어깨에서 들어야 한다

그 위선자의 슬픈 전설을
그 희망의 노래를

주눅 든 빛은 어디로 갔나

수다를 떨다가
미처 채우지 못한 가을빛

가을을 밟고 간 상처 입은 태양
더이상 시간과 타협하지 않았고
애써 다독거려
중심을 잡지 못한 갈망은
건성으로 물들어가네

은빛 여울
얼마나 많은 거품을 물고 몽돌을 빚어왔던가

파도는 또 다른 파도를
날개는 또 다른 창공을 향해 날고

족쇄처럼 조여 오는 망각 속으로
떨어져 나간 삶의 갈증
나뭇잎 틈 사이로 얼굴 내민
한 움큼 가을빛 차갑게 서려온다

태양의 각도

더덕더덕 거친 레일을 달려온 길
장미꽃 시든 까칠한 창가에 앉아
철 지난 빵에 양념을 바른다

자라지 못한 역겨운 풍경을 들고
꾸역꾸역 훔치는 눈길
노을빛 잔에 기대어 오는
슬픈 바람에 기억을 담는다

묻혀 있던 시간
태양의 문을 두드리지만
이미 발목을 감춘 지 오래다

잊고 떠난 것도 아닌
초승달 그늘 속으로
스며드는 바람의 숨결

질퍽한 하루가
더듬더듬 잘려 나간 자리에
피어나는 사연이다

날아간 꿈

사치라고 말할 때
관절 마디마디 악수를 청했어요

담 넘어 온 살구나무 가지에
살구가 노랗게 익어가고 있거든요

습관처럼 태양의 발목을 잡아요
둥지를 떠난 파란 날개의 무게만큼
고달프다고 말할 사람들이
하늘을 날고 있으니까요

그래요
기린이 먹다 남은
파란 하늘만 봐도 배가 불러요
결핍된 파란 지폐들이
주머니에서 아우성치고 있는데 말이죠

날 수가 없어요
경계를 넘나들던 파란 날개
창밖을 서성거려요

하늘을 부수고 있어요

이제야 알았어요
새장 속에 갇힌 파란 새들이
다 파랑새가 아니라는 것을

파란 창문을 열어요
파란 꿈들이 날아갔어요
관절이 슬퍼 보여요

가을 연서

가을은
가을은 나에게 저 산을 보라 하네
저 강물을 보라 하네

때로는
날개를 접은 바람의 언덕에서
삶의 향기를 느끼고 싶을 때
개여울에 나와 손을 담그고
조약돌 속삭이는 소리를 들으라 하네

그러나 가을은
가을은 그저 나만 보라 하네
아주 편한 자세로
조각구름 매달린 숲속에서
낙엽 구르는 숨소리와
그 속에 숨은 작은 생명체의 이야기와
새벽 강가 파르르 떠는 메뚜기의
마지막 날갯짓 소리를 들으라 하네

밤꽃 핀 자리
알알이 익어가는 시간
툭툭 털며 마지막 불꽃을 피우라 하네

가을이 남기고 간
늙은 호박 익어가는 돌담 창가
가는 계절 너를 붙들고
상념의 밤 깊어만 가네

가을아
가을아 너는 무엇을 놓고
무엇을 가져가는가
허름한 옷차림 시름에 젖는데

나는
너의 어깨에 기댄 가녀린 늙은 늑대
먼먼 기억만 더듬어 간다

독거노인

침묵의 그늘은 청빈했다
지그시 눈을 감고 벽을 허문다

빗장을 열어야 한다

벽과 벽 사이
계절을 망각한 지난 감정을
툭툭 건드리는 나른한 초침 소리
초로의 공간을 기웃거린다

경직된 언어가
절름거리는 하루를 이끌고
거리를 배회하는 날에는
허기진 차표를 들고 대합실에 앉아
파랑새의 노래를 더듬어 간다

술병에 갇힌 또 하루가 지나가는
길목을 서성이는 몽롱한 취기가
각기 다른 방향에서

슬그머니 역습하는 두려움
태양의 등 뒤로 저물어가는
생의 제일 긴
무표정한 시간 아닌 그 시간

아날로그 주파수에
구걸했던 소중한 공간 속으로
껍데기 같은 긴 하루가
투명한 외투를 벗어 던진다

오늘을 삼킨 침묵
내일의 길을 열고 있었다

가을 손님

어느 날 문득
눈을 떠보니 가을이다

이슬 맺힌 잎새 사이로
불그스레 얼굴을 내민 홍로 사과 이마에도
붉은 열매 익어가는 고추밭 이랑에도
붉게 젖어 오는 가을이다

그러나
노인의 가을은 가을이 아니다
그저 스쳐 지나가는 바람의 언덕일 뿐

어깨를 토닥거리던 갈바람
다 어디로 사라졌을까
이제 나는
가을의 노래를 부르지 않으련다

모질게 다져온 생의 발바닥을 위해
빈 가지만 흔들다 간
바람꽃을 피우기 위해

그리고
한 잎 속에 갇힌
가을 시인의 노래를 듣기 위해
나는 숲으로 달려가야 한다

샐러리맨

빛들은 일찍이
가을 덤불 속으로 숨어든다

식은땀 흐르는
달빛 어깨를 밟으며
보금자리로 밀려가는 바람
무겁다

뒷굽에 묻어온 한 잎에 하루를
허름한 옷장에 던져 놓고
골수가 빠져나간 앙상한 가을 나무 침대에 눕는다

축축한 낙엽
사시나무 떨듯
빈방에서 수없이 흔들어대는
방전된 그늘로 숨어든 창백한 얼굴

어느새
희미해진 기억의 틈으로
가장 낮은 자세로 다가오는

앙금 같은 저녁의 빛들이
손아귀에서 곱게 잠들어 갈 때

문밖에 서성이던 구름
허물어지는 언어의 무덤을 덮고
바람의 새는 시간의 촉수를 더듬고 있었다

길냥이

누군가 길냥이 집에
다리를 절름거리며
절반의 몫을 놓고 간다

며칠째
해가 뜨지 않는 길냥이 집
동공 풀린 시선
누군가를 응시하는 길냥이
반쯤 자란 그리움이다

오늘 밤 갈잎 지는 기억을 안고
무수히 밟고 다녔을 뒤안길
다소곳 길들여진 길냥이
소녀처럼 다가와
기대고 싶은 누군가를 기다리고 있다

지친 오후
비가 저물고 있다
길냥이는 누군가를 부르지만
대답이 없다

기다리는 자 오지 못하는 자
혼란의 상상 속에서 불안한 길냥이

요란한 빗소리
절반의 그릇에
담긴 무언의 약속
그렇게 길냥이는
비를 맞고 있는데

시루섬의 기적

시루 안
콩나물처럼
서 있는 어둠의 그림자
공포의 시간 속으로 빨려 들어간다
밀지 마!
밀지 마!
발끝을 조여오던 악몽의 시간
날개가 있다면
날 수만 있다면
마을의 수호신처럼
묵묵히 버티고 서 있던 물탱크
마을 사람들에게 등을 내어준다
난간대 없는 난간대를 붙들고
출구 없는 출구를 향해
기도하는 시루섬 사람들
어린 생명의 죽음 앞에
강은 더 세차게 울었다
멀리서
바라보던 노송만이
그날의 절규를 기억할 뿐

잃어버린 미소

일용직 근로자
쌈짓돈 몇 닢처럼
아슬아슬한 하루를 견디었다

깡마른 길고양이
등으로 떨어지는 노을빛 바라보며
생태 눈알처럼 슬픈 저녁을 맞이한다

한풀 꺾인 태양은
고된 하루를 재단하고
더이상 시간과 타협하지 않는
달동네의 침묵 소리만 깊어 간다

묵은지처럼
친근하게 다가오던
고향의 하얀 낮달 허공에 눕는다

담배꽁초

곤두박질친다

한동안 움직일 수 없다는 것을 알았을 때
이미 나는 동료들이 있는
뒷골목 구석진 곳에 와 있었다

기억하기 싫은 잡다한 신음과
체념한 듯 일그러진 표정
어디선가 곪아 터진 한숨 소리가 들려왔다

그렇다 새벽녘 늘 듣던 주인의
헛기침 목소리도 아니었고
막내아들 등록금 걱정하는
어머니 목소리도 아니었다
위로가 되지 못한 우리 우리들의 소리였다

이제는 당신의 온기를 느끼며
사랑받던 연인이 아니었음을
나 없이 못 산다고 헤매던 일도
사랑이 아니었음을

희열에 단맛을 던져버린
풋사랑에 슬퍼하고 있는지 모른다

그렇다 우리는 누가
누구의 멍든 가슴을 걱정하고 있겠는가

늦가을 주머니 무게만큼
서러운 이야기와
또 하나의 이야기를 들어야 한다

우리들의 이야기를

스쳐 간 인연

누군가 그 이름
사랑이라고 말하기 전에는
눈물이 쌓인 언덕
외로운 들꽃 한 송이 흔들어대는
한 뼘 자란 연분홍 바람의 눈물이었다고 말하리라

그 눈물
흐느끼는 어깨에 소리 없이 다가와 속삭여 주는
잔인한 파도의 연민이라 했는지

그 연민 때문에
앙상한 겨울나무 등 내어 주고
가지 끝 매달린 창백한 그림자
얼마나 많은 날을 외로움과 싸워야 했던가

이제는 창가에 앉아
그 계절 그날에 피어나던 하얀 눈길
뜨거웠던 언약

희미해진 거리에는
스치는 바람 매섭게 다가온다

제3부
달빛은 가끔씩 울고 간다

강물에 홀린 사랑

강 건너
봄 치마 흔들며 다가올 것만 같은 그녀
버들 강변 하얗게 피어난다

맑은 햇살 곱게 차려입은
드러내지 못한 사랑
스치고 간 인연이었지

어쩌면
돌아서는 발길 도도히 흐르는 강
미워하고 있었는지 몰라

물때 묻은 그날의 사연
까닭 모를 강물은 말없이 조약돌 쓰다듬고

내 안에
너울 파도 숨 고르는 예고된 이별
저 강은 알고 있었으리

그날의 젊은 계절 나를 붙들고
천길 물속 침몰하는 기억을 더듬는
어리석은 그 봄날 향기 젖어오는 강

아!
얼마나 많은 날을
은빛 노을 가득 담은 강물을 바라봐야 했는지

탓하지 않으리
돌아오지 않을
비릿한 물 내음 풍기는 강변에 앉자

산 그림자 늘어진
버들 숲으로 사라지는 물오리 한 쌍
못다 들은 그들의 연인 이야기 가득 담고 가리

가을에 묻힌 사랑

유난히
가을을 노래했던 당신
고운 단풍잎에 입맞춤하고
울 밑 해바라기 꽃이 되어 내 곁을 떠나갔어요

따스한 말 한마디와
포근한 마음 주지 못한 아쉬움에
몸을 떨며 울어야만 했고
어두운
그림자에 입맞춤하며
지키지 못한 사랑에 슬퍼하고 있어요

이제는
뭉게구름 하염없이 쳐다보며
당신이 좋아했던 머리핀 하나를
어루만지며 잠이 들곤 해요

그리고 이 가을이 지나면
다하지 못한 사랑
가슴에 고이고이 묻으려 해요

무언의 약속

비로소 나에게로 왔다
기다려본 사람만이 아는
풋냄새 익어 향긋한 내음
너를 맞이하려
곰삭은 그리움 아랫목 살며시 덮어 놓고
설렌 맘 맑은 이슬 세안을 한다

모진 시간
미워할 수 없는 숨소리
세상에서 가장 아름다운 너의 향연이 아니던가

조율하는 자와
견디는 자의 경계선에서
설익은 밤이 다가오더라도
언제나 그랬던 것처럼
너의 노예가 될 때 비로소 나에게로 왔다

너와 나 나란히 죽는
그 시간에서 허물어진 몸
언제부터인가 무언의 약속이었다

응어리

시간이 꺾인 모퉁이
갈기갈기 찢긴 빈약한 감나무 그늘에 앉아
힘겨운 몸살을 앓고 있다

익어갈수록 다가설 수 없는
내 안에 자리 잡은 상처
얼마나 더 아파야 너에게 다가설 수 있을까

별들이 얼어붙은 밤
너의 아픔이 내게로 돌아와
시선은 별 쪽으로 향하고
무거운 밤의 어깨는 태양의 문을 두드려야 한다

돌이킬 수 없는
까칠한 영혼의 눈물을 뿌리는
그런 연민을 보이지 말자

창백한 이 겨울이 지나면
침묵의 빛들은
빛바랜 갈색 외투를 벗어 던질 것이고

난 너에게로 갈 것이다
눈치 없는 누렁이
대문 밖에서 요란하게 짖을 것이다

빛바랜 하루의 조각들

오늘도 어김없이
움츠렸던 어제 같은 저녁
희망을 노래 삼아 즐겨 부르던
오월의 푸른 입술은 다 어디로 갔나
돌아갈 수 없는 먼발치에서
바람은 제자리걸음을 하고 있다

찌푸린 아침햇살처럼
각인되지 않는 나를 끌고 가기에는 너무 힘겨워
등에 짊어진 고달픈 하루를 내려놓고 있는
먼바다를 안고 도는
그리움이 기웃거리는 초저녁
뼛속으로 파고들던 바람의 퍼즐처럼

빛바랜 머릿결 손질하고 있는
불안한 시간의 파편들
홀로 기댄 나약한 숨결 속으로
빈 오월의 조각난 그늘

물망초

고요가 흐른다

금빛 물결 반짝이는 호숫가
곱게 핀 물망초의 아름다운 자태
오늘도 임 기다리다가 떨어진 꽃잎들
바람에 날려
잔잔한 물 위로 한 잎 두 잎 떨어져
노을 속으로 젖어든다

어둠이 내린 호수
한 쌍의 물오리만이 유유히
갈대숲으로 사라지면
쓸쓸한 바람만이 여운을 남기고

임 잃은 꽃잎들은
노을을 안고 고독으로 흐른다

그리움 하나 놓고 가자

겨울 여자는
내 슬픈 창가에 내려와
울음 속에 갇힌 천상의 연인이 되고
눈 내리는 강가 고독한 나룻배는
먼 길을 떠나려 하네

시리도록 아픈 상처 내 안에 머물다 가고
눈밭 서성이는 아쉬움
알 수 없는 기억 속으로 흘러들어
곰삭은 설원 속으로 차갑게 물들어 가네

눈 밝힌 그림자 홀로 저물고
저만치 들려오는 성당의 종소리
누구의 언어로 나를 울리나
끈적한 하루가 더듬더듬 지나가는 길목
또 한 번 흔들어대는
추억 속에 돌출된 눈빛과 사랑했던 시간

절름거리며 떠나려 하는 내 영혼에
서투른 발걸음 부목을 하고

농익은 약속의 땅으로
흔적 없이 슬그머니 떠나는 일

그것은 언제나
부담스러운 세월만큼
무거운 침묵을 내려놓는 일이었지

미처 알지 못한 혼란스러운 두 성체가
삐거덕거리던 각인된 초상의 날들
떨구지 못한 미련 이제는 내려놓자
우리가 걱정했던 모든 것은 이제 떠나야 한다고

눈발은 그치고 먼발치 코끝 시려오는
창백한 햇살 부딪치는 그리움 놓고 가자

그리움은 노을을 타고

하루에도 몇 번씩
때로는 웃다가 울다가
내 마음 휘젓고 떠난 사람아

가을하늘
뭉게구름 너무 아름답다며
알알이 익어가는
풋사과 꿈을 심던 사람아

당신이 밟고 간
상처 입은 낙엽은 하염없이 뒹굴고
철새들은 훗날을 기약하며
이국땅으로 사라지는데

당신이 뿌리고 간
모래알 같은 미움까지
그리움 파장되어
가슴에 부서지고 있는데

먼 훗날
우리가 기억해야 할
차곡차곡 쌓여 있는 골방에서

어느 날 문득
돌아본 당신의 모습
아무것도 할 수 없는 마음
저 강물에 맴돌고

생의 끝자락
서서히 사라지는 물안개처럼
얼마나 많은 긴 세월을 달래며
잊을 수가 있을까

멀리 떠난 멍울진 언약
이제는 밀물처럼 밀려온다.

너 안의 나

살며시 스며든다
실오라기 걸치지 않은
굴절된 기억의 틈으로

떠나고 싶어도
떠날 수 없는 너 안에서
초라한 나

비틀거린다
너의 기억 속에 묻힌
또 다른 내가
힘들게 버티고 있을 너의 기억 속에서
안절부절못하는 나

너가 나라면
내가 너라면 어떻게 했겠니

괜스레 미워지는
아주 오래전 그랬던 것처럼
너의 기억 속으로 빠져들 때

응고된 기억 서둘러 털어낼 수 있다면

슬픈 그림자 살포시 기대어 오면
그때 용서해 줄 수 있겠니

그 아픔 지울 수 있겠니

인연은 슬픔으로 물들고

몇 날의 폭설이 지나갔다

헐벗은 빛들은 뺨 위에 흐르고
긴 늪으로 빠져들던 대지의 혼들은
한겨울 묻어 두었던
그날의 푸른 날개를 들먹인다

수심 가득 찬
한 잔의 술을 맞이하고
너에게로 가는 길은
왜 그렇게 혼란스러웠는지

어쩌다 우리는 더 외롭게 만나지 못했을까

간밤에 취기 오른 발끝에서
들려오던 아픈 말들 이제는 잊어야 한다고

지친 하루를 이끌고 돌아오는 내내
철없는 바람은
길을 동여매고 묵묵히 돌아눕는다

아주 오랫동안
긴 겨울 견디다 깨어난
봄날의 향기로운 아침 햇살 뒤안길처럼

바람의 딸

"첫눈 내리던 날
청춘의 덫에 걸려 헤매던
클래식 음악이 흐르는 창가에서
커피를 마시며
방울방울 떨어지는 함박눈이 축복이라며
우리 사랑 약속했었지"

지키지 못한 미안함과
다하지 못한 사랑이 그리워
고독한 술을 마시고
잔잔히 흐르는 음악과
커피 향이 퍼지는 골목길 따라서
늘 오던 곳으로 왔습니다

언제나
구석진 자리에 앉아 속삭이던
그 옛날 너와 나는 간데없고
괜스레 미워지는 그녀가 앉아 있던 자리에
뜨거운 모닥불이 식은 지 오래입니다

머물지 못한 사랑은 가고
자리에 홀로 앉아
말 못할 사연 찻잔에 담아
그녀의 창가에 다가가 봅니다
하지만 미워지는 자신만 돌아오고
허공에 부서지는 하얀 그림들이
가슴에 조각조각 남아
더욱 그리움을 더합니다

그녀는 언제나 내게
호수에 떠 있는 구름이었고
황금 들녘 부는 바람이었습니다
해맑은 미소가 아름다운 그녀
밤새도록 하염없이 걸었던 이 거리가
왜 이렇게 낯설게 다가옵니까

어깨 위로 촉촉이 스며드는
이슬 같은 그리움
초승달 그림자 밟으며
살며시 다가올 것 같은 그녀

바람의 딸이 되어 떠났습니다
희미한 가로등 불빛
낯익은 간판 아른거리면
또 이 거리를 찾으려 할 겁니다

소박맞은 하루

삐뚤어진 바람이
한숨을 길게 토해내고 있었네
간밤에 농익은 설렘이
커튼 사이로 온종일 기웃거리고 있었네
그러나 그녀는 나타나지 않았네
바람의 성깔이 갓 빨아 놓은
그녀의 몸통을 마구 흔들고 있는데도 말이네
넉살 좋은 그녀의 호탕한 웃음소리에 놀란
해맑은 기억이 취해 버렸네
나는 비틀거렸고 시간에 넘어졌고
추한 것들은 모두 다
내 안에 잠들고 있었는데도 말이네
부딪치는 어깨마다 눈알이 튀어나오고
장님이 된 하루가 꼬리를 감추고 있었네
다가설 수 없네
그녀의 집 앞에서
지울 수 없는 고독한 그림자로 남았네
가로등이 중심을 잃고 말았네

당신 생각

고운 임 당신 생각 그리워 지샌 밤
먹는 둥 마는 둥 새벽길 재촉하고
먹다 남은 동동주 허리춤에 둘러차네

무엇이 그리 좋아 발걸음 가벼이
이슬 먹은 꽃들 하나둘 꺾다 보면
내 마음 어느새 당신 곁에 다가서고

붉어진 얼굴에 부는 바람 당신 같소
파도치는 산그늘 당신 품속 파고들면
금방이라도 올 것 같은 설렌 마음 추스르고

가는 길 멀지 않아 배고픔 참아가네
천근만근 다리 풀리는 이내 마음 힘내 보고
산 너머 임의 얼굴 달덩이만 하여라

풀잎 언약

어둠과 구름이 흩어지고
꽃과 훈풍이 스쳐 지나간다

눈 감으면 가만히 기대어 올 것만 같은
너의 마지막 미소가 여울져 오는
연분홍 입술 피어나는 향기만큼 아련하다

까마득 저며 오는 아픈 시선이었던가
거울 속에 갇힌 또 다른 상처의 흔적이었던가

넌지시 기댄 먼발치 아래
풀죽처럼 싸늘히 식은 저녁 햇살로 남아야 하는
밀폐된 고독의 그림자로 남아야 하는
지키지 못한 언약을 붙들고

어둠의 눈은 또 다른 어둠을 밝히고
분홍빛으로 물들어가는 이 밤

어디로 가야 하나
머물고 싶은 마음 야위어만 가고

염원

잿빛 하늘
낯선 태양이 비집고 들어와
살며시 미소 짓는 곳에서
갓 돋아난 목화꽃
도란도란 하얀 꿈으로 피어나는 곳에서

나로 하여금
당신 가슴에 꽃을 피울 수 있다면
그 열매 곱게 싹을 틔울 수 있다면
나는 당신의 꽃밭에 나와
새벽이슬 여명의 빛을 붙들고
찰나의 천둥소리로 꽃망울을 터트릴 것입니다

아! 나는
당신은 나와 같이
뜨거운 열정으로 물레방아를 돌리며
들꽃처럼 사랑하다
불멸의 씨앗으로 남는 일
뜨락에 떨어져 영원히 밤하늘의 별을 세는 일입니다

당신은 나의
나는 당신의 꿈나라에서
공주가 되고 왕자가 되어
백마를 타고 은하수 계곡을 나는 일
당신과 함께 꿈속에서 고요히 묻히는 일입니다

그리고 꿈을 깨지 않는 일입니다

썸을 타고

어쩌면 나는 바보였나 봐

상큼한 아침 햇살
풋사과 이파리 반짝이는 빛들이
그녀의 품에서
아스라이 멀어질 때도 그러했고

청춘의 뒷골목에서
허락되지 않는 그림자를 밟으며
따라가던 눈길
너무 아파 돌아설 때도 그러했었지

느슨한 오후
바람이 몰고 온
그녀의 분홍빛 치마에
하얀 그리움이 포근히 내려앉는다

다가가면 멀어질까
멀어지면 더욱 다가가고 싶은
멀고도 냉정한 사람

밤새 피어나던 꽃망울
너무 미워 돌아누워야 했던
무지갯빛 사랑

그녀의 창가에
서릿발 서럽게 시려온다

매듭

너에게로 가는 길은 축축했다

입양시킨
침묵의 밤은 어디로 가고
지지 않는 바람 소리만 내 안에 가득하다

불씨처럼 살아나는 그날의 아픔
애써 다독거려 보는 오늘
넥타이를 고쳐맨다

목마른 맨발의 안부를 붙들고
이국에서 불어오는 바람의 등을 밀며
왔던 길을 왜 돌아봐야 했는지

왜 그랬을까 그때는

꽃망울 기대어 파르르 떠는
잎새의 눈물을 붙들고
몇 번의 몸짓으로 다가설 수 없는
내 안의 너

얼마나 줄다리기를 해야
우리가 끈을 놓을 수 있을까

이제는 진정 놓아야 하기에
가시처럼 박혀있는 상처의 끈을 붙들고
너에게로 가는 길은 어둡고 쓸쓸했다

님의 꽃밭은 아직도

춘풍이 불어오네요

해마다
당신이 가꿔놓은 꽃밭에
더욱 예쁜 모습으로
다가오는 꽃들의 손짓

우리가
걱정했던 그 기억 때문에
다가서지 못하는 내 마음
바보처럼 눈을 감네요

그때는 왜
당신의 마음을 읽지 못했을까요
조금이라도 일찍 알았더라면
스친 바람에 지는 꽃잎
무심히 바라보지 않았겠죠

지나간
인연을 따라 피어나는 꽃들

당신의 흔적을 지우는 비가
오늘도 온종일 내리고 있네요

꽃잎 속으로 파고드는 아픔처럼
청빈했던 당신
그대 떠난 꽃밭에 힘겹게 버티고 있네요

낙화

어느 날
떨어지는 것을 슬픔이라 생각했다

때가 되면
야윈 바람에도 힘없이 주저앉는 목련꽃
애처로운 소리를 들으면서
장미꽃 불타오르는 청춘의
붉은 오월의 거리를 걸으면서
만남의 이별은 늘 아픔이라 생각했다

그러나
아니었다
때가 되면 스스로 떠나야 한다는 것을 알았고
놓아주어야 하는 사랑의 희생을 알았다

하지만
떨어지는 것은 소멸이 아니라
다시 만나기 위한 그리움이었고
결과의 승화였고 순간의 역사였다

문득문득
하얗게 지새운 밤
창가에 다가오는 님 그림자 그러하듯이
오월의 향기 그러했고
가을 이파리 그러했기 때문이다

이 가을 지나고
끝자락에 매달린 겨울 풍경소리
산사에 떨어지면
승녀의 촉촉한 눈가에 그리움의 싹이 틀 것이다

그리고 우리가 사랑하던
이 모든 것을 사랑할 승녀의 입맞춤으로
민들레 향기 곱게 피어날 것이다

바람은 사초에 묻고

잠을 설친다
새벽이 두렵다

숨을 멈추고
눈을 지긋이 감는다
서리맞은 몸 추스린다

가을에 기대어 울던 바람
사초에 묻힌 광야에 가면을 던지고
광란의 질주를 할 것이다

호수에 떠 있는 달은 점점 가라앉을 것이고
허공을 치닫던 파랑새는 사라질 것이다

빌딩 숲 사이로 헤집고 다니던
떠돌이 개
창백하게 울부짖을 것이다
아주 오랫동안 맴돌 것이다

제4부
이제야 피어나는 말들

아버지의 홑적삼

저 산 너머
농주가 익어가는 마을

고삐 풀린 과거와 머물고 싶은 현재
그리고 기대고 싶은 미래까지
송두리째 짊어진 아버지의 고단함이
아랫목 술독 안에 서서히 익어가고 있었다

저물도록 갈증 난 홑적삼 걷어 올리고
설익은 항아리 못살게 흔드시던 아버지

누룩 냄새 풍기는 구부정한 비탈길을
갈지자로 오르내리시던 아버지

움츠렸던 가난한 한숨 소리가
고래 숨소리보다 더 크게 들려오는 것을
지켜봐야 했던 내 유년의 귓가에는
정돈되지 않은 어머니의 까칠한 잔소리가 있었다

불안한 웃음
보리농사 흉년이라는 것을 농주로 대신하고
물고기 몇 마리 안주를 들고서야
빗장 풀린 대문 활짝 열고 한마디 하시던 아버지

그냥 내버려 뒤라

그물에 걸린 송사리 마지막 몸부림처럼
얼마나 슬프게 들려왔는지
내 안에 어느덧 아버지가 아닌 아버지의
흰머리가 하나둘 자리 잡고 있었다

고등어

주흘산 정수리
햇살이 삐죽이 내려앉는다

새벽부터
속절없이 유배되어 하얗게 충혈된 눈
소금 뿌린 낡은 좌판 위에
꾸역꾸역 토해낸 시간
도마 옆 동료와 나란히 눕는다

수치스러운 민낯
시리도록 절인 마디마디
비어있는 아집과 욕망
정지된 시간 뒤로 가녀린 풍채
변질된 약속이었다

갯바람에 실려 온 파도에 꿈을 던지고
비릿한 내음 묻어 온 한때의 그림들
물거품처럼 하얗게 부서진다

미워질까 감지 못한 동공 속으로
갈매기 소리 없이 날아들면
난 그 겨울 찻집에서 들려주던
소라의 꿈을 생각하고
돌고래의 기억을 잠재운다

땅거미 짙게 깔린 장터
사람들은 하나둘 떠나고
갈기갈기 흩어지던 바람 소리
한산하기만 한데 주인장 다급한 외침 소리
슬프게 들려온다

자 사이소 사
떨이입니다 떨이
두 눈 깜빡깜빡하는 물 좋은 고등어
싸게 팝니다 싸게 팔어

노모의 비릿한 저녁 밥상
고향에 별이 지고 있었다

억수 계곡

한줌 햇살
녹아드는 억수 계곡
심신을 담가 본다
세월아!
너 먼저 가거라
나 이곳에 머물려 하니
송사리 떼 한가히 노는 날
시 한 수 곱게 접어 띄워
너에게 보내면
엄마 따라
한가로이 노는 어린 가재
달빛에 흠뻑 젖어들겠지
오호라!
지나가는 손님
무엇이 그리 바삐 가는가?
태곳적 억수 계곡
쉬었다 가면 어떠하리
머물다 가면 어떠하리

바다의 품격

바다는 길을 만들지 않는다
다만 우리가 가야 할 길을
열어주고 있을 뿐이다

바다의 안개 속으로 파고들던 수많은 길과
끊임없이 바다의 등을 어루만지며 치닫던 파도의 길

지상의 모든 발자국은 바다를 향해 시작되고
바다는 어제의 흔적을 지우고
오늘의 발걸음을 다시 새긴다

달빛 반짝이는 물결 위로
고요히 흩어지는 길 하나
누군가의 그리움이 수평선에 닿으려
밤새도록 애써 걸어간 흔적일까

공허한 시간을 흔들고 있는 바다의 몸통
읽어낼 수 없는 바다의 얼굴
아버지의 얼굴이다

김장김치

정성을 다한
마법의 공간에서

화려한 발상으로
저울질한 열정

조율된 연주가 끝난
여인의 손등에는

지고지순한 어머님의
승화시킨 사랑

완성된 거장의 미학
품격의 가치

고향의 소리

여름 소리 들려오네
풍경소리
멀리인 듯 가까운 듯
고향의 소리

흩어진 기억들이
툭툭 치고 올라와
스쳐 간 인연들은
새롭게 다가오고
창 너머 여름 소리
동심으로 돌아가네

정답게 다가오는
그리운 소리
울 엄마 잔소리
들리는 듯하면
고향 산천
그립고 그립다네

노장은 하늘을 보지 않는다

보슬비 내리는 날
시장 뒷골목 대폿집에는
언제부터인가
그 시절 건배가 그리워
홀로 이곳을 찾는 노장이 있습니다

가녀린 자신의 운명을 점치며
세월을 달래던 노장도
젊은 시절 이곳에 오면
의기양양 시대의 영웅이라고
큰소리치던 용사였습니다

이제는 다들 떠나간 용사들
침침한 구석진 자리에 앉아
빛바랜 외투를 걸친 노장은
그날의 함성이 들려와
외로운 잔 힘차게 들어봅니다

아!
그날의 약속은 잊었는가!

미소들은 잊었는가!
애써 벙거지 모자를 꾹 눌러 쓰고 있는
그날의 역전 용사는

보슬비 오는 날이면
백열등 희미한 구석진 곳에 앉아
그 시절 나를 또 찾으려 할 것입니다

아주 오래전 그랬던 것처럼

노점상

강물처럼 사람들이 모여들었다
얼마나 지났을까
완전무장한 변방의 할머니
진지 장마당에도 비명이 들려왔다

천 원짜리 몇 장과
부상당한 병사들이 바구니마다
힘겹게 버티고 있는 자유시장 노점 골목

전화가 온다

오고 가는 시선들
동냥하듯 총을 마구 쏘고 있지만
사람들은 쓰러지지 않는다

비가 온다

걱정했던 할머니
가슴에는 상처투성이였고
지친 병사들은 허기진 하루를 힘겹게 견뎌야 했다

절박한 시간이 흘러간다

사람들은 제 갈 길로 퇴각을 하고
전쟁터에는 썰렁한 바람만 침묵을 지킨다

자반고등어 한 손 힘겹게 챙겨 든다

폐허가 된 전쟁터를 떠나는
군번 없는 병사들과 전차를 올라타는 할머니
지친 하루가 군홧발을 재촉한다

전화벨이 자꾸 울린다

섶다리와 소녀

　갈참나무 우거진 숲길을 굽이굽이 내려가다 보면 서울로 돈 벌러 간 큰언니 하얀 마음씨만큼이나 예쁜 찔레꽃이 만발하게 피어 있는 언덕이 있습니다

　개여울 훤히 내려다보이는 바위에 앉아 찔레순 꺾어 먹던 눈이 맑은 소녀는 당장이라도 손짓하며 올 것 같은 얄미운 큰언니의 약속도 있었지만, 오늘은 엄마의 까만 장 보따리 생각에 은빛 물결 반짝이는 여울목 섶다리를 하염없이 바라봅니다

　섶다리를 지나야 영미와 함께 학교에 갈 수 있다는 것을, 일찍이 알고 있던 소녀는 섶다리와 늘 함께였습니다

　소녀는 냇가에 나와 섶다리 그늘 사이로 삐죽이 내민 햇살과 갈대숲 사이로 불어오는 시원한 바람과 비릿한 시냇물에 물장구치며 놀던 조약돌의 이야기들과 얼음장 밑 물고기들 섶다리를 갉아먹는 애벌레와 거미줄에 날아든 나비와 하루살이까지 영미와 함께 이 모든 것을 내려놓고 언젠가는 떠날 때가 오리라 생각하고 있을 것입니다

어느 날 소녀는 여린 보따리를 가슴에 품고 소리 없이 내리는 함박눈을 밟으며 섶다리 곁을 떠났습니다

은빛 여울 바라보며 어느 산골 소녀가 사랑했을, 그 날에 그 소녀를 사랑했을 섶다리는 아직도 못다 한 이야기들이 남아 그리워 그리워하고 있습니다

실향민

남한강 시오 리 길
산모퉁이 신작로에는
소학교 오고 가던
농익은 소리가 묻혀 있다

무심코 밟고 지나간 자갈 틈으로
기포처럼 떠오르는
동산에서 부르던 푸른 노래와
솜털처럼 날고 싶어 했던 강
맑고 고운 언어로 조잘대던
하얀 개여울의 속삭임
얼마나 많은 조약돌 안고 떠났을까

지척에 묻힌
천길 물속 뒤안길 더듬고 있는 유배된 시선
눈 내리는 창가에 앉아
봉인된 역사 마디마디 절여온다

두고 온 동구 나무 그늘 아래
홀로 남아 누군가를 그리워하고

시간을 꽃피우던 흔적으로
완행버스 시골길을 달린다

금방이라도
친구야 하며 반길 것 같은
박꽃처럼 환한 얼굴들
창밖에는 아직 가을이 참새떼를 몰고 있는데

분주히 쓸어 담는
하얀 가지 끝에 홍시 하나
짓무른 눈길 멀기만 하다

가을 호수
한 잎 두 잎 떨어지는 하얀 그리움
식은 발자국 덮어만 간다

어머니의 낡은 우산

어머니
이제야 알았습니다
흔하게 다가왔던 것들이
얼마나 소중하다는 것을

접지 못한
낡은 우산이
무한한 사랑의 날개라는 것도 알았습니다

어머니
태양이 머물다 간 강물의
노을이 이렇게 아름다운 줄도 몰랐습니다

이제는
낡은 우산 속에서 들려주시던
가난한 시인의 노래와
꽃들의 시선에 부끄러워 설치던 밤과
타고 남은 한 토막의 서러운
나무 이야기까지 아끼고 사랑하려 합니다

어머니
어느새 어린 양들이 자라서
낡은 우산을 펴들고 있던
아련한 어머니의 음성을 듣고 있습니다

어머니,
어머니의 사랑을

빈집과의 약속

울 밑 봉숭아
톡톡톡 터지는 가을마당
국화 향기 그윽한 뒤뜰에는
주렁주렁 장독 위에
주인 잃은 홍시 가득하다

쑥대밭처럼
무성히 자란 기억의 마당을 지나면
방안 가득 등잔불에 그을린 흔적들
1972년 3월로 멈춘 달력과
전쟁터 파편처럼 널려있는
거울 속에 갇힌 베갯잇 사랑
큰누나 시집가던 날
어머님의 눈물 자국이었지

그랬었지
그때는 그랬었지
모닥불 저무는 여름밤
삼 남매 오순도순 멍석에 둘러앉아
알알이 익어가는 풋옥수수 감자

밀개떡 몇 조각 들고
밤하늘 수놓던 눈망울들
토닥거리며 철없이 굴던 푸념의 반항
너무 미워질 것 같아
훌쩍 자란 기억 훌훌 털며
서둘러 떠나야 했었지

불안한 설거지
먼 길 돌아와 선 빈집과의 약속
말이 없다
내 집인 양 드나드는 것들의 합창 소리만 가득할 뿐
나의 집은 없었다
빈 가슴
짓눌린 어깨 무게만큼
허약한 다리 멀기만 하다

엄마의 부엌

모락모락 자욱한 연기가
대추나무 허리를 감싸 안은 것은
넘쳐나는 당신의 희생이 있는 까닭이옵니다

더덕더덕 삶의 때가
치맛자락에 묻어나는 것은
남몰래 서럽게 살아온 까닭이옵니다

주름살 고랑 애정은 쉴 새 없이 흐르고
힘든 날 허공에 버려야만 하는 것은
청춘을 다 불태운 까닭이옵니다

가마솥 눈물지어
조물조물 정성으로 어루만지는 것은
손끝에 잉태하는 인연 까닭이옵니다

밤마다 별들을 끌어안고
꽃향기 실바람 타고 나래를 펴는 것은
고향의 향수 품은 까닭이옵니다

재산목록 1호

나는 안다
새벽녘 뎅그랑거리는 외양간 워낭소리와
아버지의 추운 겨울을
대리모에서 낳은 새끼송아지
무럭무럭 자라 재산목록 1호가 된 암소에 희망을
그러나 끝내
우시장으로 보내야 했던 재산목록 1호
아버지의 미안한 뒷모습과 눈망울을

나는 안다
아버지의 몫이
나의 몫으로 남아야 하는
무거운 침묵이 흐르던 텅 빈 외양간
아궁이에 타다 남은 취기
솥뚜껑에 매달린 한숨 소리까지
오늘은 저만치 빌딩 숲에서
그 겨울 아버지가
함박눈 맞으시며 다가온다
오랜 기억을 안고서

눈물은 꽃바람에 물들고

어어~ 어화~ 어허~ 어이~
이제 가면 언제 오나
내년 삼월에 올지 말지
어어~ 어화~ 어허~ 어이~
가네, 가네 나는 가네
북망산천(北邙山川) 나는 가네

먼 하늘에서 보내온
꽃상여 요령 소리
선창에 눈물이 난다
북망산천 가는 길
진달래꽃 붉게 물들고
가시는 걸음걸음
소맷자락 슬픔 떨어지네

천근만근 설키고 엉킨 마음
아쉬운 빛만 지고
돌아서는 발걸음 어이할꼬 어이할꼬
소복 갈아입은 목련 아래
술잔에 떨어지는 꽃님아
슬퍼하지 마라

한 잔 두 잔 고인 눈물
가슴에 담고 담아
꽃바람 남풍 불어
좋은 날 강물에 띄워 보내리
행여나 비가 되고 눈이 되어
양지바른 언덕 그리움 품고 내리면
무덤가에 피어나는 한 떨기 꽃을 보라
너울너울
춤을 추며 오시는 어머니, 어머니
나의 어머니를

능소화와 누이동생

담장 너머
기웃거리면 숙성된 시선
청목 하늘 간장독 구름 품고
연둣빛 그리움 숨결 따라 익어가는
장독 안으로 따스한 눈길 젖어든다

어쩌면
허전한 공간 속으로 사랑하기 좋은 날
채우지 못해서 사랑하지 못해서
그날의 그 눈길
우리가 찰나의 순간을 느끼지 못해서
퇴색한 몰골 장독 안에 찌들어 가는지 모른다

어느 날
소리 없이 다가온 철없이 굴던 누이동생
저리도록 머물고 싶은 언저리에 짓무른 눈길
뜨락 장독대 내려놓으면
넌지시 기댄 돌담 틈 사이로 축 처진 목
흐트러진 눈 외면하겠지

눈치 없는 바람
매몰차게 밀어냈던 어느 날
햇된장 숨 고르는 장독대에서
또 한 번 너의 그림자를 찾는다

보릿고개를 아시나요

시름시름 앓고 있어요

헐벗은 오월의 보릿고개 그늘에 앉아
유월의 푸른 장막을 걷어요
비상하는 빛들이 들녘에 넘쳐나고
야위어가던 향기가 하나둘 피어나요
질박한 환호성이 들려오고요
충만한 태양의 어깨가 기대어 오네요
파도처럼 부서지는
웃자란 유월이 손을 흔들어요
하지만 잡을 수가 없어요
환상을 안고 가기에는 너무 멀리 있나 봐요

노래를 불러요
참을 수 있는 것들은 모두 기도를 하고 있어요
슬픔을 남기고 간 것은 죄가 없거든요
그래요
달라지는 것은 아무것도 없어요
잠들지 못하는 날에는
청빈했던 당신의 묵은 기억을 머리맡에 두어요

재 너머 숨어오는 소리를 더듬어 가요
설익은 햇살 틈으로
내일의 꽃들이 힘겹게 피어나고 있거든요
오월의 당신 미안해하지 마세요
내가 너무 아파했다고 생각하지 마세요
기러기 겨울 속으로 사라질 때 언제나 그랬으니까요
풋냄새 풍기며 유월을 안고 넘어오시는 이
정녕 그대가 당신이었나요
당신이었나요

아버지의 주막

연풍면 갈금리 금대 주막
누룩 냄새 풍기는 주모의 엷은 미소와
잘 익은 동동주 몇 잔에 너털웃음 소리
들려오는 주막에는 아버지가 늘 있었습니다

땀과 눈물
무지의 벽
빗나간 화살
모든 것이 이야기 속으로
썰물처럼 빨려 들어가고 있을 때
아버지는 푸시킨의 시를 노래하며
천천히 독백의 술잔을 비워갑니다

한 때는
세상이 내 것인 양 당당하시던 아버지
풀죽은 삼베적삼 갈기갈기 술잔에 녹아들면
늙으신 아버지 시상은 늦가을 언덕으로 달려가고
번개처럼 스쳐 간 여운 천천히 채워갑니다
언제 올 줄 모르는 막내딸 예쁜 잔소리와
주전자에 묻은 그리움
희미한 불빛 사이를 넘나드시던 아버지

취기 오른 달그림자
골목길 따라 길게 드리우면
구겨진 시상 하나씩 펴들고
콧노래 부르는 가난한 아버지의 방에는
꺼지지 않는 불빛 힘겹게 버티고 있었습니다

서환아

어느
고운 별에서 왔을까
수많은 별 중에

어느
꽃에서 왔을까
수많은 꽃 중에

볼수록 귀엽고
예쁜 아가야
그 모습 사랑스러워
보고 또 보고
자꾸 보고 싶은 얼굴
언제나
밝고 고운 심성
지혜롭게 바로 커서
온 밤하늘 별과 같이
온 대지의 꽃과 같이

해설
바람의 언어로
詩의 촉수를 더듬다

바람의 언어로 詩의 촉수를 더듬다

정 진 헌
건국대 교수, 시인

 독일 작가 레빈 슈킹(Levin Schücking)은 음악, 미술, 과학은 풍요로운 경제적 토양을 요구하지만, 문학은 폭풍우와 서릿발, 바위틈과 얼음장 속에서 피는 꽃이라 했다. 문학의 하위 범주인 시(詩) 역시 우리는 상처의 산물임을 부인할 수 없다. 시작법(詩作法). 우리는 시를 쓴다. 또는 시를 짓는다고 흔히 말한다. 또한 좋은 시를 창작하기 위해 다양한 수사를 배우고 시의 연장을 갈고 닦아 이에 적용한다. 하지만 한 편의 시가 탄생하기까지 시인의 산고(産苦)가 없다면 이는 독자에게 울림을 줄 수 없을 것이다. 혹 독자가 아니더라도 시인 스스로 위안과 구원으로서 역할을 다하지 못할 것이다. 이에 시는 창작하는 것이 아니라 낳는다는 표현이 더 타당성이 있어 보인다.

칠십여 년 산고의 삶을 잉태한 시인이 있다. 이제 그는 바람의 양수를 터뜨려 팔십여 편의 시를 세상에 내놓았다. 박쾌순 시인은 서두에서 "애인처럼 詩가 좋았지만 배움의 기회가 없어 가슴에만 낳았던 칠십 평생 삶의 편린들, 이제야 새 옷으로 갈아입고 외출을 한다."라고 진솔한 시의 탄생을 전한다. 시인의 노트에는 삶의 뒤안길에서 겪은 고달픈 삶의 이미지들 회한, 그리움, 사랑, 가족애가 겹겹이 눈처럼 쌓여 있다. 이제 시인은 노트에 쌓인 눈을 걷어낸다. 아침햇살 낮게 깔린 언어의 파도를 붙들고 바람의 새가 되어 시의 촉수를 더듬는다.

시인이 걸어온 생의 뒤안길은 행복하지 않았다. 그의 시에는 비극적 세계관이 지배적이다. 항상 그의 삶은 초승달처럼 결핍으로 가득했다. 비애, 고독, 이별, 고뇌, 술, 가난, 상실, 탈향 등 그의 삶에는 항상 바람이 불었다. 하지만 아이러니하게도 시인이 속삭이던 페이소스(pathos) 바람은 생(生)의 약동이자 상처를 치유하고 사랑을 완성하기 위한 시적 의장이자 도구였다.

밤새 머뭇거리던 발걸음
알 수 없는 빈 주막 홀로 앉아

굴곡진 삶

서러운 미소의 잔을 마신다

흐트러진 머리 곱게 다듬고

어둠에 빛 손질하는 장안의 숲에서

똬리를 틀 때까지

불타오르던 화선지에 흘린 사랑 멈출 수 없었다

손끝은 맹렬히

황홀한 무대에 놀아나고

그을린 시간마다 밤새 쌓여

미움으로 돌아누운 새벽녘

두고 온 먼 기억을 지우기에는

짧게만 느껴지는

또 다른 길을 찾아 떠나야 하는

몽롱한 미명의 거리

거역할 수 없는 숨소리 거칠게 토하고

서둘러 발걸음 재촉한다

-「기억의 창가에는 아직도」

「기억의 창가에는 아직도」는 과거의 아픈 기억과 쓸쓸함을 서정적으로 그려내고 있다. 시인은 인생의 길목에서 마주하는 회한(悔恨)의 넋두리를 가슴 저미는 절제된 언어로 담담하게 재단한다. 시인은 "빈 주막에 홀로 앉아 굴곡진 삶"을 서러워하며 잔을 비운다. 그에게서 떠난 사랑과 추억은 인간 존재의 깊은 내면적 고독을 상기시킨다. 시인은 상실의 아픔을 지우기 위해 "촉촉하고 기름진 옥답을 찾아"(「내 머물 곳 어디에」) 떠난다. 그리고 "온종일 모래밭에서 너의 발자국을 찾아 나서"(「외로움은 그리움을 더하고」)기도 한다. 하지만 그의 외로움과 슬픔은 치유되지 못한다. 그는 "어느 날 문득 돌아본 내 안의 어린 연꽃이 못내 애처로워 늦은 계절 책상 앞에 촛불을 밝히"(「불청객」)며 시를 찾아 떠난다. 그의 시작 행위는 "관심 밖으로 밀려난 자투리땅에 한 폭의 꽃나무를 심기"(「노인의 그늘」)이며, "갈매기의 후예"(「내 안의 바다에는 아직도」)가 되는 것이다. 시인은 "사랑의 곡조로 나의 별을 노래"(「버려진 씨앗에도 봄은 온다」) 하며 상실의 아픔을 지운다. 하지만 "빈 술병과 같은 시와의 동행"(「동행」)은 그에겐 절망으로 다가왔다.

몸과 마음이 하얗게 부서지고 있는데
백마야
저 아름다운 무지개의 허리를
어떻게 잡으란 말이냐!
어쩌란 말이냐!

머리는 하얗게 타들어 가고 있는데
까마귀야
별빛 사이로 떨어지는 유성의 성채를
어떻게 잡으란 말이냐!
어쩌란 말이냐!

길 잃은 돛단배 바람은 힘차게 울어대고 있는데
갈매기야
흔들리는 파도의 불꽃을
어떻게 잡으란 말이냐!
어쩌란 말이냐!

오, 나의 영혼이여!
미칠 듯 헤매고 싶은 고뇌의 절망이여!

- 「절망」

시인은 자신의 어두운 그림자를 지우기 위해 시를 찾아 떠났다. 하지만 몸과 마음만 하얗게 부서지고 말았다. 백마와 까마귀, 갈매기를 호명하며 "어떻게 잡으란 말이냐! 어쩌란 말이냐! 오, 나의 영혼이여!"라며 울부짖으며 미칠 듯 헤매고 싶은 고뇌의 절망을 외친다. 시인은 "사마귀의 슬픈 눈망울처럼 찢어진 국화빵 봉투 서러운 모서리처럼"(「알람소리」) 혼자 외롭게 떨고 있다. 시인의 기억은 몸살을 앓고 난 뒤 조용히 하얀 밤을 밀어낸다. 그리고 시인은 또다시 현실의 아픔을 노을 속에 남긴 채 "다들 떠나간 쓸쓸한 목로주점에 홀로 앉아 다시는 돌아오지 않을 바람과 대폿잔"(「두 번째 외출」)을 맞이하며 두 번째 외출을 떠난다.

마른 잎 잠들지 않는 귓가에
간간이 들려오는 풍경소리
봄바람 타고 산사의 적막을 깨우면
정방사 뜨락에도
현란한 빛이 태동을 부추긴다

곱게 물든 스님 어깨보다

더 낮게 깔린 구름 사이로

한 쌍의 어치 산허리를 감싸고돌면

그 풍경 너머로 날아간

스님 눈가에 유년의 날들이

움츠렸던 묵은 계절을 정화하듯

낙숫물 소리 젖어 온다

오늘따라 하얀 고무신

더욱 돋보이는 승복을 입고

솔 냄새 가득한 길을

걸어가는 스님의 뒷모습

인간은 얼마나 외로워야

바람이 전하는 구름의 언어와

밤새워 흔들어대는 나뭇잎의 속삭임과

새벽이슬 깨어나는 맑은

숨소리를 들을 수 있을까

때로는 법당 뒤뜰에 큰스님 같은

근엄한 바위가 되고 샘물이 되고

새가 되고 나무가 되고

꽃과 이슬이 되어 보고

밤이면 별들이 뜨락에 내려와

사랑의 전설을 들어주는

한 마리의 사슴이 되어도

늘 외로운 존재

스님은 뒤뜰에 나와

바위에서 흘러나오는 청아한

목탁 소리와 독경 소리

한줌 되지 않는 자신을

조심스럽게 흘려보내고 있었다

- 「정방사」

  시인의 시안(詩眼)은 일상에 머물지 않는다. 그의 시안은 우주를 향한다. 시인은 태양, 바람, 별, 하늘 등 우주적 상상력을 통해 노년의 슬픔과 사랑, 그리움, 계절의 변화 속에서 삶과 죽음, 만남과 헤어짐의 의미를 풀어내고 있다. 시인은 여전히 "처마 끝에 걸어둔 아침햇살처럼 낮게 깔린 언어의 파도를 붙들고 헤매고"(「해후」) 있으며, "보내고 싶지 않은 따뜻한 님의 손길"(「12월은」)을 간구하고 있다. 시인은 노년의 상실을 치유하기 위해 "가을 시인의 노래를 들으러 숲으로 달려간다."(「가을 손님」). 시인은 정방사에 이르러 인간은 왜 고독한 존재인가를 되묻는다. "인간은 얼마나 외로워야 바람이 전하는 구름의 언어와 밤새워 흔들어대는 나뭇잎의 속삭임과 새벽이슬 깨어나는 맑은 숨소리를 들을 수 있을까?" 시인은 자문하며 산사(山寺)의 정적인 이미지와 종교적인 깨달음을 통해 인간 삶의 근원적인 외로움과 구도자의 성찰을 그려내고 있다. 시인은 "때가 되면 스스로 떠나야 한다는 것을, 그리고 놓아주어야 하는 사랑의 희생을", "승녀의 입맞춤으로 피어난 민들레 향기"(「낙화」)를 통해 진정한 사랑의 의미를 발견하게 된다.

유난히
가을을 노래했던 당신
고운 단풍잎에 입맞춤하고
울 밑 해바라기 꽃이 되어 내 곁을 떠나갔어요

따스한 말 한마디와
포근한 마음 주지 못한 아쉬움에
몸을 떨며 울어야만 했고

어두운

그림자에 입맞춤하며

지키지 못한 사랑에 슬퍼하고 있어요

이제는

뭉게구름 하염없이 쳐다보며

당신이 좋아했던 머리핀 하나를

어루만지며 잠이 들곤 해요

그리고 이 가을이 지나면

다하지 못한 사랑

가슴에 고이고이 묻으려 해요

- 「가을에 묻힌 사랑」

  시인은 실연과 이별의 정한(情恨)을 담담히 받아들이는 숙명론적 인생관을 보여준다. 시집에는 그리움과 외로움에 사무쳐 끝내 슬픔의 눈물이 묻어나는 시적 자아가 자주 등장한다. 「가을에 묻힌 사랑」은 시인이 이루지 못한 인연과 지나간 사랑에 대한 그리움을 아니마(anima)적 상상력으로 풀어내고 있다. 시인의 비극적 세계관은 오히려 여성 편

향적 기법을 통해 그 슬픔이 배가 되며, 독자에게 가슴 아픈 사랑의 기억을 소환하는 역설적인 전략으로 작용한다. "임 잃은 꽃잎들"(「물망초」)은 노을을 안고 고독으로 흐른다.

시인에게 스쳐 간 인연은 연분홍 바람, 파도의 포말, 그리움만 새긴 무지개였다. 시인은 떠나간 사랑을 "가지 끝에 창백한 그림자만 매달고 간 앙상한 겨울나무"(「스쳐 간 인연」)였다고 말한다. 시인에게 젊은 날 실연의 경험은 세월과 함께 노년의 가을로 농익어 가는 잔잔한 사랑의 완성이었다.

연풍면 갈금리 금대 주막
누룩 냄새 풍기는 주모의 엷은 미소와
잘 익은 동동주 몇 잔에 너털웃음 소리
들려오는 주막에는 아버지가 늘 있었습니다

땀과 눈물 무지의 벽 빗나간 화살
모든 것이 이야기 속으로
썰물처럼 빨려 들어가고 있을 때
아버지는 푸시킨의 시를 노래하며
천천히 독백의 술잔을 비워갑니다

한 때는

세상이 내 것인 양 당당하시던 아버지

풀죽은 삼베적삼 갈기갈기 술잔에 녹아들면

늙으신 아버지 시상은 늦가을 언덕으로 달려가고

번개처럼 스쳐 간 여운 천천히 채워갑니다

언제 올 줄 모르는 막내딸 예쁜 잔소리와

주전자에 묻은 그리움

희미한 불빛 사이를 넘나드시던 아버지

취기 오른 달그림자

골목길 따라 길게 드리우면

구겨진 시상 하나씩 펴들고

콧노래 부르는 가난한 아버지의 방에는

꺼지지 않는 불빛 힘겹게 버티고 있었습니다

-「아버지의 주막」

　시인의 가족사시(family poetry)는 부모님과 고향에 대한 그리움과 상실 의식이 주를 이룬다. 또한 디아스포라(Diaspora)적 상상력을 통해 탈향(脫鄕)의 아픔을 노래하기도 한다. 가난은 가족 콤플렉스로 작용한다. 시인은 기억한다. "가난한 한숨 소리가 고래 숨소리보다 더 크게 들려오던"(「아버지의 홑적삼」) 유년을, 재산목록 1호인 암소를 우시장에 팔고 돌아와 텅 빈 외양간에서 흐느끼던 아버지(「재산목록 1호」)의 모습을, 하지만 내 안에 어느덧 아버지의 흰머리가 자리 잡고 있다. 유년 시절 "푸시킨의 시를 노래하며 천천히 독백의 술잔을 비우며" 늘 당당하시던 아버지와 시인이 오버랩되면서 시인은 아버지가 나를 시인으로 만들어 주었음을, 아버지의 표상이 내 생의 바다였음을 깨닫는다.

시인은 어머니의 사랑을 통해 가족사의 아픔을 치유한다. 시인은 가난한 삶 속에서도 어머니의 희생이 있어 "모락모락 자욱한 연기가 대추나무 허리를 감싸 안을 수"(「엄마의 부엌」) 있음을 추억한다. 또한 어머니의 접지 못한 낡은 우산이 "무한한 사랑의 날개"임을 기억하고 "태양이 머물다간 강물의 노을이 아름다웠던 것"(「어머니의 낡은 우산」)이 어머니의 사랑 때문이었음을 깨닫는다. 이미 어머니는 시인의 곁을 떠나 양지바른 언덕 그리움의 꽃으로 피어났지만, 시인에게 어머니에 대한 기억은 가족 콤플렉스와 시적 트라우마를 치유하는 사랑의 미학이었다.

시인은 서문에서 다시 말한다. "오늘 나는 바람과 주막에 마주 앉아 아버지가 사랑했던 푸시킨의 시를 노래하며 詩의 잔을 비울 것이다." 시의 잔을 비운다는 것은 "취기 오른 달그림자가 길 위에 구겨진 시상을 다시 편다."라는 뜻이다. 단절이 아닌 지속의 시심(詩心), 연이어 구원과 위안의 시를 찾아가길 바란다. 첫 시집 발간을 진심으로 축하드린다.